1012008

Wiener
Weihnachtsbäckereien

Lebkuchen – es lebe die Tradition!

Die Kunst der Lebzelterei reicht weit ins Mittelalter zurück. Schon lange bevor die ersten Zuckerbäcker bzw. Konditoren in Wien Fuß fassten, gab es eine erkleckliche Anzahl von Lebzeltern in der Stadt. Sie alle waren hoch angesehene Handwerker, die alles, was von fleißigen Bienen geschaffen wurde, verarbeiteten: Aus Bienenwachs zogen sie Kerzen und aus dem Honig schufen sie süße Köstlichkeiten wie Honigwein – auch Met genannt – und Lebkuchen.

Für die Herstellung der Lebkuchen ließen sie oft von Künstlern wunderschön geschnitzte Holzformen herstellen, in die sie dann den Lebkuchenteig gossen. Diese Holzformen (auch Modeln genannt) und die darin gebackenen Lebkuchen stellten Heiligen- und Ritterfiguren, höfische Szenen und auch christliche Symbole dar. Letztere sind zum Teil bis in die heutige Zeit als Christbaumschmuck gebräuchlich. Im alten Wien war rund um Weihnachten ein regelrechtes „Griss" (= wienerisch für „große Nachfrage") um die liebevoll gestalteten und verzierten Lebkuchen. Mit ihnen wurden sehr gerne Christbäume dekoriert und natürlich auch die Kinder beschenkt.

Tja, die Weihnachtszeit ist Lebkuchenzeit. Deshalb ist den Lebkuchen auch das erste Kapitel bei unseren *Wiener Weihnachtsbäckereien* gewidmet.

Sisi Lebkuchen

Eier, Eiweiß, Aranzini, Nüsse, Mandeln, Lebkuchengewürz, Zimt und Zitronenschalen werden gut vermischt. Danach Mehl, Milch, Staubzucker und Hirschhornsalz dazurühren. Die Masse in einen Dressiersack füllen.

Oblaten auf ein mit Backpapier ausgelegtes Blech legen. Die Masse aufdressieren, zuckern und jeweils mit einer Mandelhälfte belegen.

Ungefähr 15 Minuten trocknen lassen und dann im vorgeheizten Backrohr bei ca. 180° C 10 bis 15 Minuten hellbraun backen.

Die Oberseite in zerlassene Schokolade tunken und mit einem kandierten Veilchen verzieren.

ZUTATEN FÜR DEN TEIG

150 g Eier • 30 g Eiweiß
200 g gehackte Aranzini
200 g geriebene Haselnüsse
150 g geriebene Mandeln
1 Prise Lebkuchengewürz • 1 EL Zimt
etwas abgeriebene Schale einer unbehandelten Zitrone
60 g glattes Mehl • 60 g Milch
120 g Staubzucker • 1 Prise Hirschhornsalz (Ammonium)
1 Prise Lebkuchengewürz
60 Stück Oblaten (5 cm Durchmesser)
60 Stück geschälte Mandelhälften

DEKORATIONSVORSCHLAG

Schokolade (Kuvertüre)
kandierte Veilchen

Anekdote

Veilchen waren die Lieblingsblumen der österreichischen Kaiserin Elisabeth. „Sisi" – wie sie im Volksmund genannt wurde – schätzte diese zarten Blumen nicht nur als Dekoration, sondern in kandierter Form auch als Nascherei.

Honiglebkuchen

Butter, Zucker, Vanillezucker und Eier schaumig schlagen und anschließend Honig, Milch, Kakao, Lebkuchengewürz und Mandeln unterrühren. Mehle und Backpulver sieben und ebenfalls unterheben. Noch einmal kräftig verrühren.

Den fertigen Teig auf ein eingefettetes und leicht bemehltes Backblech streichen und nach Belieben mit Mandelsplittern und Kirschen verzieren. Im vorgeheizten Backrohr bei 170° C ca. 1/2 Stunde backen.

Nach dem Abkühlen, in kleine Würfel schneiden und mit Milchschokolade filieren.

ZUTATEN

120 g Butter • 250 g Feinkristallzucker
20 g Vanillezucker • 200 g Eier
80 g Honig • 60 g Milch • 20 g Kakao
1 Prise Lebkuchengewürz
50 g geriebene Mandeln
200 g Weizenmehl • 200 g Roggenmehl
10 g Backpulver

DEKORATIONSVORSCHLAG

kandierte rote Kirschen
Mandelsplitter
Milchschokolade (Milchkuvertüre)

Tipp

Filieren funktioniert folgendermaßen: Fertigen Sie aus Backpapier einen kleinen Dressiersack an und füllen Sie ihn mit der zerlassenen Schokolade. Damit können Sie hübsche, feine Verzierungen fabrizieren.

ZUTATEN FÜR DEN GRUNDTEIG

250 g Honig • 140 g glattes Mehl

ZUTATEN FÜR DEN LEBKUCHENTEIG

30 g Eier • 20 g Feinkristallzucker
1 Prise Hirschhornsalz (Ammonium)
1 Prise Anis • 1 Prise Kardamom
1 Prise Gewürznelken
1 Prise gemahlener Fenchel
140 g Roggenmehl • 20 g Weizenmehl
1 Prise Pottasche • 1-2 EL Wasser

DEKORATIONSVORSCHLAG

Spritzglasur (s. Tipp S. 25)
Schokolade (Kuvertüre)

Tipp

Erst bei einer entsprechend langen Lagerung des Grundteiges können sich die typischen Lebkuchenaromen entfalten!

Krippenlebkuchen

Für den Grundteig den Honig erwärmen und dann durch ein feines Haarsieb gießen. Danach etwas abkühlen lassen. Wenn der Honig lauwarm ist, das Mehl einkneten. Der fertige Grundteig sollte vor der Weiterverarbeitung mindestens 24 Stunden kühl lagern.

Für den Lebkuchenteig Eier mit Zucker schaumig rühren. Dann Hirschhornsalz, Anis, Kardamom, Gewürznelken, den gemahlenen Fenchel, die beiden Mehlsorten sowie die in ein wenig Wasser gelöste Pottasche untermischen. Diesen Gewürzteig mit dem Grundteig zu einem weichen Teig vermischen und auf einer bemehlten Arbeitsfläche ca. 6 mm dick ausrollen.

Auf ein mit Backpapier ausgelegtes Backblech legen, mit einem Rahmen versehen und bei ca. 180° C 15 bis 20 Minuten goldbraun backen. Der Krippenlebkuchen sollte ca. 3 bis 4 cm hoch werden. Mit Spritzglasur verzieren, schneiden und den Boden mit zerlassener Schokolade überziehen.

Lebkuchenbusserl

Eiweiß, Salz und Zucker zu Schnee schlagen. Mandeln, Lebkuchengewürz und Lebkuchenbrösel vermischen und vorsichtig unterheben. Masse zu kleinen Häufchen auf die Oblaten dressieren und eine Haselnuss hineindrücken.

Die Busserl auf das vorbereitete Backblech setzen und im vorgeheizten Backrohr bei 140° C Umluft 10 bis 15 Minuten goldbraun backen. Herausnehmen und abkühlen lassen.

Schokolade schmelzen und temperieren. Die Busserl zur Hälfte in die Schokolade eintauchen.

ZUTATEN FÜR DEN TEIG

90 g Eiweiß • 1 Prise Salz
150 g Feinkristallzucker
100 g gehackte Mandeln
1 TL Lebkuchengewürz
200 g Lebkuchenbrösel
60 Stück Backoblaten
(5 cm Durchmesser)

DEKORATIONSVORSCHLAG

ganze Haselnüsse
Schokolade (Kuvertüre)

Tipp

Busserl heißt auf Wienerisch Kuss. Und die süßen Busserl der Wiener Bäckerei sollen zart wie Küsse sein. Sprachlich betrachtet stammen sie wahrscheinlich vom türkischen Wort „buse" ab. Somit ist das Busserl ein sprachliches Relikt der Türkenbelagerungen von 1529 bzw. 1683.

Lieblingslebkuchen („Liebling")

Honig und Zucker aufkochen und mit Mandeln, Zitronat, Aranzini, Zimt, Hirschhornsalz, Gewürznelken, Salz und Mehl vermischt. Den lauwarmen Teig mit den Händen gut durchkneten und mindestens 12 Stunden zugedeckt ruhen lassen.

Nach der Ruhezeit den Teig 1/2 cm dick ausrollen. Beliebige Formen ausstechen und auf einem gebutterten Backblech im vorgeheizten Rohr bei 200° C 10 bis 12 Minuten braun backen.

Abschließend werden die ofenwarmen Lieblingslebkuchen mit Fadenzuckerglasur überpinselt und mit Aranzini verziert.

ZUTATEN FÜR DEN TEIG

250 g Honig • 125 g Feinkristallzucker
250 g grob geriebene Mandeln
60 g Zitronat • 60 g Aranzini • 5 g Zimt
5 g Hirschhornsalz (Ammonium)
1 Prise Gewürznelken • 1 Prise Salz
300 g glattes Mehl

DEKORATIONSVORSCHLAG

Fadenzuckerglasur (100 g Kristallzucker und 20 g Wasser kurz aufkochen lassen und den heißen Lebkuchen damit bepinseln.) • würfelige Aranzini

Tipp

Den Teig bereiten Sie am besten am Abend zu, so dass er während der Nachtstunden ruhen kann. Am darauffolgenden Vormittag bzw. Nachmittag können Sie dann in Ruhe Ihre Lieblingslebkuchen backen.

ZUTATEN FÜR DEN GRUNDTEIG

250 g Honig • 140 g glattes Mehl

ZUTATEN FÜR DEN LEBKUCHENTEIG

100 g Eier • 5 g Feinkristallzucker
1 Prise Hirschhornsalz (Ammonium)
2 Prisen Lebkuchengewürz
1 Prise Pottasche • 1–2 EL Wasser
140 g Roggenmehl
60 g gehobelte Mandeln
60 g Zitronat • 30 g Orangeat

DEKORATIONSVORSCHLAG

Spritzglasur (s. Tipp S. 25)
evtl. orange Lebensmittelfarbe
Schokolade (Kuvertüre)

Tipp

Es empfiehlt sich, vom Teig zuerst eine Probe zu backen und zu überprüfen, ob der Teig ausreichend in die Höhe treibt. Ist dies nicht der Fall, sollte noch etwas Hirschhornsalz und Pottasche hinzugefügt werden.

Lebkuchenstangerl

Für den Grundteig Honig erwärmen und dann durch ein feines Haarsieb gießen. Danach etwas überkühlen lassen. Wenn der Honig lauwarm ist, das Mehl einkneten. Der fertige Grundteig sollte vor der Weiterverarbeitung mindestens 24 Stunden kühl lagern.

Für den Lebkuchenteig Eier mit Zucker schaumig rühren. Dann Ammonium, Lebkuchengewürz sowie die in ein wenig Wasser gelöste Pottasche untermischen. Danach das Mehl dazugeben, um einen festen Teig zu erhalten, den man sehr gut kneten muss. Dann erst die Mandeln, das Zitronat und das Orangeat unterkneten (damit sie nicht zerquetscht werden). Dieser Teig wird nun mit dem Grundteig zu einem Gesamtteig geknetet. Den Teig etwas ruhen lassen.

Eine 8 mm dicke Platte auskneten. Diese auf ein gebuttertes und bemehltes Backblech legen und zu 3 cm breiten Streifen schneiden. Die Stangerl etwas auseinanderschieben und im vorgeheizten Rohr bei ca. 180° C 10 bis 15 Minuten backen.

Wenn die Streifen abgekühlt sind (eventuell nochmals nachschneiden), verziert man sie mit weißer und oranger Spritzglasur. Die Unterseite kann in zerlassene Schokolade getaucht werden. Spritzglasur trocknen lassen. Damit die Stangerln weich werden, muss man sie in einer Dose aufbewahren.

Sauerrahmlebkuchen

Für den Grundteig den Sauerrahm mit dem Zucker so lange kochen, bis eine sirupartige, zähflüssige Masse entsteht. Dann das Hirschhornsalz beigeben (Vorsicht, schäumt sehr stark!). Diesen Grundteig vor der Weiterverarbeitung mindestens einen Tag ruhen lassen.

Dann den Grundteig mit Weizenmehl, Butter, Eier, Rum, Lebkuchengewürz und Backpulver vermengen, gut durchkneten und halbfingerdick ausrollen.

Beliebige Formen ausstechen und auf ein mit Backpapier ausgelegtes Blech legen. Im vorgeheizten Rohr bei 170° C 10 bis 15 Minuten goldbraun backen.

Die Lebkuchen nach Belieben mit der Spritzglasur dekorieren und eventuell mit den Nüssen und Früchten verzieren.

ZUTATEN FÜR DEN GRUNDTEIG
250 g Sauerrahm
250 g Feinkristallzucker
7,5 g Hirschhornsalz (Ammonium)

ZUTATEN FÜR DEN LEBKUCHENTEIG
500 g glattes Mehl • 35 g Butter
50 g Eier • 1,8 EL Rum (40 %)
2,5 g Lebkuchengewürz
5 g Backpulver

ZUTATEN FÜR DIE GLASUR
75 g Staubzucker • 15 g Eiweiß
etwas Zitronensaft

DEKORATIONSVORSCHLAG
Spritzglasur (s. Tipp S. 25)
Früchte und Nüsse

Tipp

Sie können den Grundteig ruhig auch eine Woche ruhen lassen. Das gibt ihm einen besonderen Geschmack. Dieses Rezept könnten Sie z. B. an zwei aufeinanderfolgenden Wochenenden umsetzen.

Weinbeißer mit kandiertem Rosenblatt

Für den Grundteig Honig erwärmen und dann durch ein feines Haarsieb gießen. Danach auskühlen lassen. Wenn der Honig lauwarm ist, das Mehl einrühren und den fertigen Grundteig zur Seite stellen.

Für den Lebkuchenteig Eier mit Zucker schaumig schlagen. Lebkuchengewürz und Hirschhornsalz einrühren. Alles zusammen mit dem Grundteig zu einem geschmeidigen Teig kneten.

Auf einer bemehlten Arbeitsfläche 3 bis 4 mm dick ausrollen, mit verquirltem Ei bestreichen und mit Mandelblättchen bestreuen. Im vorgeheizten Backrohr bei ca. 170° C 10 bis 15 Minuten goldbraun backen. Nach Lust und Laune mit Spritzglasur und kandierten Rosenblättern verzieren.

ZUTATEN FÜR DEN GRUNDTEIG

250 g Honig • 125 g glattes Mehl

ZUTATEN FÜR DEN LEBKUCHENTEIG

1 Prise Hirschhornsalz (Ammonium)
1 Prise Lebkuchengewürz • 30 g Eier
etwas verquirltes Ei zum Bestreichen
eine Handvoll Mandelblättchen zum Bestreuen

DEKORATIONSVORSCHLAG

Spritzglasur (s. Tipp)
kandierte Rosenblätter (s. Tipp S. 84)

Tipp

So machen Sie eine Spritzglasur:
Als Zutaten benötigen Sie 100 g Staubzucker, 15 g Eiweiß sowie 1 bis 2 Tropfen Zitronensaft. Dann rühren (nicht schlagen!) Sie den Staubzucker mit Eiweiß und Zitronensaft so lange, bis eine dickflüssige, weiße Masse (= die Spritzglasur) entsteht.

Es duftet nach Keksen …

Keks – eine Erfindung des späten 19. Jahrhunderts

Es ist kaum zu glauben: Das Wort „Keks" und damit der Sammelbegriff für kleine Bäckereien wurde um 1890 von Hermann Bahlsen ins Deutsche eingeführt. Er hatte „Cakes" in England, wo er geschäftlich tätig war, kennengelernt und nannte so die von ihm produzierten Backwaren. 1911 wurde das eingedeutschte Wort dann in den Duden aufgenommen.

Interessant ist auch, dass Plätzchen und „Theebäckerei" in den Alt-Wiener Kochbüchern eine eher bescheidene Rolle spielten. So beschäftigt sich in dem Standardwerk *Der Zuckerbäcker für Frauen mittlerer Stände*, das 1824 in Wien erschienen ist, nur eines der insgesamt zwölf Kapitel mit „Spanischen Winden, Biscuiten, Zwieback, Mandelbackwerk, souffliertem Zucker und Hohlhippen". Wobei Zwieback nichts mit dem heutigen Produkt gleichen Namens zu tun hatte, sondern zweifach gebackene Kekse waren. Dies ändert sich um die Jahrhundertwende radikal, ab da sind nun jede Menge Rezepte für kleine, feine Backwaren in den Wiener Kochbüchern zu finden. Ab den 1920er Jahren firmieren sie dann unter dem Begriff „Kekse".

Kekse – obwohl bereits die alten Römer mit Honig und Mandel verzierte Plätzchen kannten – sind also insgesamt betrachtet eine eher junge Angelegenheit. Und natürlich auch eine tolle Sache für unsere Jüngsten. Denn in der Adventzeit mit Mutti Kekse zu backen, gehört wohl zu den schönsten weihnachtlichen Kindheitserlebnissen überhaupt.

Anisnüsschen

Milch, Staubzucker, Eier, Mehl, etwas Ammonium, gemahlener Anis und Butter zu einem glatten Teig verarbeiten. Auf einer bemehlten Arbeitsfläche 2 mm dick ausrollen, runde Plätzchen ausstechen, mit dem verquirlten Ei bestreichen, jeweils eine halbe Haselnuss darauf geben und leicht andrücken.

Auf ein mit Backpapier ausgelegtes Blech legen und bei ca. 180° C goldbraun backen.

ZUTATEN FÜR DEN TEIG

125 g Milch • 250 g Staubzucker
50 g Eier • 500 g glattes Mehl
1 Prise Hirschhornsalz (Ammonium)
10 g gemahlener Anis • 40 g Butter
verquirltes Ei

DEKORATIONSVORSCHLAG

halbierte Haselnüsse

Wissenswert

Anis stammt aus dem östlichen Mittelmeerraum und wurde bereits 1550 v. Chr. erstmals schriftlich erwähnt. Die alten Römer liebten Anis und die Benediktinermönche brachten das Gewürz, das auch süßer Kümmel genannt wird, im 8. Jahrhundert n. Chr. zu uns nach Mitteleuropa.

Champagner-Biskotten

Eiweiß und Feinkristallzucker zu steifem Schnee schlagen. Dotter, Staub- und Vanillezucker sehr schaumig rühren, dann mit dem steifen Schnee und dem Mehl vorsichtig vermischen. Die Masse in einen Spritzsack mit einer glatten Lochtülle füllen. Damit kleine Biskotten auf ein mit Backpapier belegtes Backblech dressieren. Mit etwas Staubzucker bestäuben und bei leicht geöffnetem Rohr (Kochlöffel in die Offentür klemmen) bei 160° C goldbraun backen.

ZUTATEN

120 g Eiweiß • 30 g Feinkristallzucker
80 g Dotter • 20 g Staubzucker
10 g Vanillezucker • 90 g glattes Mehl
etwas Staubzucker zum Bestäuben

Tipp

Wenn die Biskotten vor dem Backen mit Staubzucker bestreut werden, behalten sie ihre wunderschöne längliche Form.

ZUTATEN FÜR DEN TEIG

300 g glattes Mehl • 200 g Butter
100 g Staubzucker • 5 g Salz • 50 g Milch
100 g geriebene Mandeln • 20 g Dotter

ZUTATEN FÜR DIE FÜLLE

120 g Butter • 100 g Staubzucker
etwas abgeriebene Schale einer unbehandelten Zitrone
40 g Eier • 60 g Eiweiß
80 g glattes Mehl
100 g Feinkristallzucker
60 g geriebene Mandeln

ZUTATEN FÜR DIE GLASUR

120 g Staubzucker • 20 g Wasser
etwas Zitronensaft

DEKORATIONSVORSCHLAG

Hagebuttenmarmelade

Anekdote

Auch die Fürsten des Habsburgerreiches waren Schleckermäuler. Sie hatten in der Wiener Innenstadt rund um die Hofburg ihre Palais und beschäftigten dort erstklassige Köche und Zuckerbäcker wie z. B. F.G. Zenker. Dieser verfasste 1824 das Standardwerk "Der Zuckerbäcker für Frauen mittlerer Stände". Am Beginn des Buches steht stolz vermerkt: „Erster Koch Sr. Durchlaucht des regierenden Fürsten Joseph zu Schwarzenberg, Herzog von Krumau ec. ec. ec."

Fürstenschnitten

Mehl, zimmerwarme Butter, Staubzucker, Salz, Mandeln, Milch und Dotter zu einem glatten Teig kneten. Etwas ruhen lassen. Den Teig ca. 3 mm dick ausrollen und in 6 cm breite Streifen schneiden. Links und rechts mit Ei bestreichen und links und rechts jeweils einen dünnen Streifen Teig darauf legen, sodass in der Mitte eine befüllbare Rinne entsteht. Ca. 10 Minuten bei 180° C goldbraun backen, dann aus dem Rohr nehmen, etwas abkühlen lassen und mit Ribiselmarmelade dünn bestreichen.

Für die Fülle Butter, Staubzucker und Zitronenschale schaumig rühren und die Eier nach und nach beimengen. Eiweiß und Feinkristallzucker zu Schnee schlagen. Mit dem Butterabtrieb, den geriebenen Mandeln und dem Mehl vorsichtig vermengen. Die Masse in den Teigstreifen dressieren und bei 180° C ca. 15 Minuten goldbraun backen.

Die ofenwarmen Fürstenschnitten mit der glatt gerührten Zitronenglasur bestreichen und mit Hagenbuttemarmelade verzieren.

ZUTATEN FÜR DEN TEIG
300 g Staubzucker • 90 g Eiweiß
250 g Rohmarzipan (1:2)
kleine runde Backoblaten
(3 cm Durchmesser)
etwas abgeriebene Schale
einer unbehandelten Orange

ZUTATEN FÜR DIE FÜLLE
Hagebuttenmarmelade

ZUTATEN FÜR DIE GLASUR
50 g Wasser • 100 g Staubzucker

DEKORATIONSVORSCHLAG
Schokolade (Kuvertüre)

Tipp

Hagebutten sind die Früchte wilder Rosen. Im Spätherbst werden sie leuchtend rot. Dann können Sie sie pflücken und daraus Ihre eigene Hagebuttenmarmelade machen.

Und zwar so: Früchte waschen, Spitzen abschneiden, halbieren, feine Haare und Kerne entfernen. Mit Wasser bedeckt ca. 20 Minuten kochen lassen. Danach das Wasser abgießen und die Früchte passieren. Fruchtmasse wiegen, mit ebenso viel Gelierzucker (3 : 1) vermischen und zum Kochen bringen. Ungefähr 7 Minuten sprudelnd kochen lassen. Gelierprobe (Tellerprobe; die Masse sollte auf dem Teller eine Haut bilden) nicht vergessen. Heiß in vorbereitete Einmachgläser füllen und sofort verschließen.

Hagebuttenschifferl

Staubzucker, Eiweiß, Rohmarzipan und Orangenschale glatt kneten. Längliche Hagebutten daraus formen und auf die runden Oblaten legen. Masse mit einem kleinen Messer in der Mitte einschneiden, etwas aufdrücken und mit Hagebuttenmarmelade füllen.

Im vorgeheizten Backrohr bei ca. 190° C ungefährt 10 Minuten goldbraun backen.

Für die Glasur Wasser und Staubzucker glatt verrühren und die heißen Hagebuttenschifferl damit bestreichen. Eventuell den Boden der abgekühlten Schifferl in zerlassene Schokolade tunken.

Haselnusskonfekt

Eiweiß und Marzipan glatt kneten. Haselnüssse, Staubzucker, Vanillezucker sowie Orangenabrieb dazugeben und alles zu einem geschmeidigen Teig kneten. Auf einer bemehlten Arbeitsfläche ca. 4 mm dick ausrollen und kleine Plättchen ausstechen.

Auf ein mit Backpapier ausgelegtes Backblech setzen, mit der glatt gerührten Glasur bestreichen und bei ca. 170° C goldbraun backen.

Eine Hälfte der ausgekühlten Kekse jeweils auf einer Seite mit Orangenmarmelade bestreichen und ein anderes Keks daraufsetzen. Mit Zuckerglasur bestreichen, zu einem Drittel in Schokolade tunken und mit kandierten Orangen verzieren.

ZUTATEN FÜR DEN TEIG
50 g Eiweiß • 300 g Rohmarzipan (1:2)
300 g Staubzucker • 50 g Vanillezucker
300 g geriebene Haselnüssse
etwas abgeriebene Schale einer unbehandelten Orange

ZUTATEN FÜR DIE FÜLLE
Orangenmarmelade

ZUTATEN FÜR DIE GLASUR
30 g Eiweiß • 20 g Staubzucker
10 g Vanillezucker

DEKORATIONSVORSCHLAG
Schokolade (Kuvertüre)
kandierte Orangen

Tipp

Damit das Konfekt beim Backen nicht zu sehr auseinanderrinnt, muss der Rohmarzipan aus einem Teil Zucker und zwei Teilen Mandelrohmasse bestehen.

Ingwerringerl

Ei und Dotter werden mit dem Staubzucker sehr schaumig gerührt und danach mit Ingwer und Mehl zu einem geschmeidigen Teig geknetet. Auf einem mit Mehl bestaubten Brett wird der Teig messerrückendick ausgerollt. Mit einem runden Ausstecher werden Plättchen ausgestochen. Diese dann mit einem kleineren Ausstecher in der Mitte nochmals ausstechen, sodass ein Ringerl entsteht.

Die ausgestochenen Ringerln werden auf ein mit Backpapier belegtes Blech gelegt, mit verquirltem Eiweiß bestrichen und bei ca. 170° C Hitze goldbraun gebacken.

ZUTATEN FÜR DEN TEIG

50 g Eier • 20 g Dotter
140 g Staubzucker
100 g glattes Mehl
10 g gemahlener Ingwer
etwas Eiweiß

Tipp

Am besten schmecken sie, wenn sie einige Tage trocken abliegen konnten. Dann ist ihr Geschmack perfekt. Denn dann haben alle verarbeiteten Materialien das Ingweraroma gleichmäßig angenommen. Das ist gleich nach dem Backen nicht der Fall!

Kaiser-Küchlein

Weizenmehl, zimmerwarme Butter, Feinkristallzucker, Eier, Salz und die Zitronenschale zu einem glatten Teig kneten.

Für die Füllmasse geriebene Mandeln mit dem Zucker im Mörser verreiben und mit dem Mehl und etwas Milch zu einem dicken Brei verrühren. Zum Schluss das Eiweiß mit einer Prise Salz zu Schnee steif schlagen und unter die Masse heben.

Kleine Förmchen dünn mit Teig auslegen und mit der Masse befüllen. Die Kaiser-Küchlein im vorgeheizten Backrohr bei ca. 170° C etwa 18 Minuten im Ofen backen.

ZUTATEN FÜR DEN TEIG

250 g glattes Mehl • 150 g Butter
90 g Feinkristallzucker
50 g Eier • 1 Prise Salz
etwas abgeriebene Schale einer unbehandelten Zitrone

ZUTATEN FÜR DIE FÜLLE

125 g fein geriebene Mandeln
12 g Feinkristallzucker
125 g glattes Mehl • etwas Milch
120 g Eiweiß • 1 Prise Salz

Tipp

Für das Auslegen der Förmchen zuerst den Teig rund ausstechen und ihn danach in die Förmchen drücken. Die Teile des Teigs, die über die Kante ragen, werden weggedrückt.

Kastanienschnitten

Für den Teig Weizenmehl, Butter, Feinkristallzucker, Backpulver und Dotter zu einem glatten Teig kneten. Auf einer bemehlten Arbeitsfläche ca. 3 mm dick ausrollen und auf ein bebuttertes Backblech legen. Am Rand den Teig etwas erhöhen. Im vorgeheizten Rohr bei ca. 180° C leicht anbacken.

Danach aus dem Rohr nehmen, mit Preiselbeermarmelade bestreichen und mit fein gehackten Datteln belegen. Zucker mit Dotter schaumig rühren und mit den passierten Kastanien vermischen. Diese Masse glatt auf dem Teig verstreichen. Nun bei ca. 170° C etwa 17 Minuten lang die Schnitten fertig backen. Nach dem Erkalten zuckern und in kleine Schnitten portionieren.

ZUTATEN FÜR DEN TEIG

150 g glattes Mehl
100 g Butter
20 g Dotter
50 g Feinkristallzucker
1 Prise Backpulver

ZUTATEN FÜR DEN BELAG

Preiselbeermarmelade
150 g Feinkristallzucker
80 g Dotter
getrocknete und fein gehackte Datteln
150 g gekochte, geschälte und fein passierte Kastanien

Tipp

Achten Sie bitte beim Schneiden der Schnitten darauf, dass Sie das Messer immer wieder ins heiße Wasser tauchen. So erhalten Sie glatte und saubere Schnittflächen.

Kürbiskernkipferl

Kipferl

Eiweiß mit Zucker zu einem festen Schnee schlagen, dann geriebene Kürbiskerne und abgeriebene Zitronenschale unterheben. Die Masse in Form von Kipferln auf ein mit Backpapier ausgelegtes Blech dressieren und mit ganzen Kürbiskernen belegen.

Im vorgeheizten Backrohr bei 140° C ca. 20 Minuten backen. Die Hälfte der abgekühlten Kipferln mit Ribiselmarmelade bestreichen und jeweils ein anderes draufsetzen.

Die Spitzen in zerlassene Schokolade tunken.

ZUTATEN FÜR DEN TEIG

170 g Feinkristallzucker • 60 g Eiweiß
240 g geriebene Kürbiskerne
etwas abgeriebene Schale einer unbehandelten Zitrone und Zitronensaft

ZUTATEN FÜR DIE FÜLLE

Ribiselmarmelade

DEKORATIONSVORSCHLAG

ganze Kürbiskerne
Schokolade (Kuvertüre)

Wissenswert

Kürbiskerne sind äußerst gesund. Sie liefern dem Körper ungesättigte Fettsäuren, Vitamin E, Beta-Carotin, Magnesium, Eisen, Zink und Selen.

Mandelhütchen

Feinkristallzucker, Butter, Mehl, Eier und die Zitronenschale zu einem geschmeidigen Teig kneten. Kurz rasten lassen, ca. 2 mm dick ausrollen und runde Plätzchen mit ca. 2 cm Durchmesser ausstechen. Danach Teigplätzchen mit ca. 3 cm Durchmesser ausstechen. Sämtliche Teigplätzchen auf ein mit Backpapier ausgelegtes Blech legen und im vorgeheizten Backrohr bei 180° C goldbraun backen.

Für die Fülle Rohmarzipan, Mandeln, Orangenlikör und eine Prise Zimt glatt rühren und in einen Dressiersack füllen. Auf die größeren Plätzchen Fülle in die Mitte dressieren und dann ein kleineres darauf setzen. Etwas andrücken, nochmals Fülle aufdressieren und nochmals ein kleines Plätzchen darauf setzen. Dann die Hütchen in zerlassene Schokolade (Kuvertüre) tunken und mit Mandelkrokant verzieren.

ZUTATEN FÜR DEN TEIG

100 g Feinkristallzucker • 100 g Butter
200 g glattes Mehl • 50 g Ei
etwas abgeriebene Schale einer unbehandelten Zitrone

ZUTATEN FÜR DIE FÜLLE

150 g Rohmarzipan (1:2)
50 g geriebene Mandeln
50 g Orangenlikör • 1 Prise Zimt

DEKORATIONSVORSCHLAG

Schokolade (Kuvertüre)
Mandelkrokant

Tipp

Da Sie für ein Mandelhütchen jeweils ein großes und zwei kleine Teigstücke benötigen, muss die Anzahl der großen Teigstücke zu den kleinen Teigstücken 1:2 betragen!

Mozartringerl

Rohmarzipan, Staubzucker, Mandeln, Walnüsse, Amaretto, Ei, Mehl und Honig vermischen und glatt kneten. 30 Minuten kühl stellen. Dünne Stränge rollen und danach ca. 5 cm große Ringerl modellieren, mit verquirltem Ei bestreichen und in den gehobelten Mandeln wälzen.

Auf ein mit Butterpapier ausgelegten Backblech legen und ca. 10 Minuten bei 180° C goldbraun backen.

Abkühlen lassen und in zerlassene Schokolade tunken.

ZUTATEN FÜR DEN TEIG

250 g Rohmarzipan (1:2)
37 g Staubzucker • 37,5 g glattes Mehl
25 g geriebene Mandeln
25 g geriebene Walnüsse
10 g Amaretto • 50 g Ei
20 g Honig

ZUTATEN FÜRS BESTREICHEN

verquirltes Ei

DEKORATIONSVORSCHLAG

gehobelte Mandeln
Schokolade (Kuvertüre)

Anekdote

„Ich gehe izt nach schlaraffen, und thue ein wenig schlaffen", schrieb Mozart in einem seiner Briefe an seine Cousine. Das Schlaraffenland war in der Gedankenwelt Mozarts anscheinend ständig präsent. Als ausgesprochener Genussmensch komponierte er immer wieder Bankettszenen für seine Opern. Die Champagner Arie aus Don Giovanni ist weltberühmt. Und die Mozartringerln hätte der Maestro sicher auch mit großem Genuss verzehrt…

Mohnkipferl

Aus Butter, Staubzucker, Salz, Dotter, Mehl und Mohn einen Teig kneten und diesen an einem kühlen Ort 2 Stunden rasten lassen. Den Teig zu Stangen rollen, diese in Stückchen teilen und zu kleinen Kipferln formen. Die Kipferl auf einem mit Backpapier ausgelegten Blech im vorgeheizten Rohr bei 160° C ca. 12 Minuten backen

Vanillezucker mit Staubzucker und Mohn vermengen und die noch warmen Kipferl damit bestreuen.

ZUTATEN FÜR DEN TEIG

200 g Butter • 50 g Staubzucker
1 Prise Salz • 20 g Dotter
250 g glattes Mehl
80 g gemahlener Mohn

DEKORATIONSVORSCHLAG

Vanillezucker • Staubzucker • Mohn

Tipp

Der Teig darf nur kurz geknetet werden, sonst verliert er seine Bindung!

Neros

Butter mit Staubzucker, Salz und Vanillezucker schaumig rühren. Ei und Dotter nach und nach beigeben. Mehl mit Kakao vermengen, sieben und vorsichtig unterheben. Mit einem Dressiersack mit glatter Tülle die Plätzchen auf ein mit Backpapier ausgelegtes Blech tropfenförmig dressieren.

Bei etwas geöffnetem Rohr bei 170° C 15 Minuten backen. Die Hälfte der Neros auf einer Seite mit Marmelade bestreichen und mit einem unbestrichenen abschließen. Mit Tunkmasse verzieren.

ZUTATEN FÜR DEN TEIG

250 g Butter • 140 g Staubzucker
1 Prise Salz • 100 g Ei
10 g Vanillezucker • 180 g glattes Mehl
20 g Dotter • 50 g Kakaopulver
Ribiselmarmelade

DEKORATIONSVORSCHLAG

Milchschokolade (Kuvertüre) als Tunkmasse

Wissenswert

Das Rohr muss beim Backen deshalb etwas geöffnet bleiben, damit die Feuchtigkeit verdampft und die Neros besser ihre Form behalten.

Orangenpomeranzen

Pomeranzen

Rohmarzipan, Staubzucker, Orangenschale, Vanillezucker und Eiweiß zu einer glatten dressierfähigen Masse rühren. Mit einem Dressiersack mit Lochtülle die Busserl auf ein mit Backpapier ausgelegtes Blech dressieren. Im vorgeheizten Rohr bei ca. 180° C 15 bis 20 Minuten backen.

Für die Fülle Rohmarzipan, Orangeat, Marillenmarmelade und Inländerrum zu einer streichfähigen Fülle rühren.

Die Hälfte der abgekühlten Busserl mit dieser Fülle bestreichen, ein unbestrichenes daraufsetzen und mit zerlassener Schokolade verzieren.

ZUTATEN FÜR DEN TEIG

360 g Rohmarzipan (1:2)
240 g Staubzucker • 10 g Vanillezucker
etwas abgeriebene Schale einer unbehandelten Orange
Eiweiß nach Bedarf

ZUTATEN FÜR DIE FÜLLE

240 g Rohmarzipan (1:2)
120 g Orangeat • 6 g Marillenmarmelade
10 g Inländerrum (40 %) bzw. Kirschrum

DEKORATIONSVORSCHLAG

Schokolade (Kuvertüre)

Wissenswert

Die Pomeranze ist eine runde, rötliche Zitrusfrucht.
Im Wienerischen nannte man junge Mädchen vom Land „Pomerantschen", da sie oft rundlich-rötliche Gesichter hatten. Die rundliche Form war wahrscheinlich auch ausschlaggebend dafür, dass dieses Alt-Wiener Gebäck „Pomeranze" genannt wurde.

ZUTATEN FÜR DEN TEIG

300 g glattes Mehl • 200 g Butter
100 g Staubzucker • 5 g Salz • 20 g Dotter
100 g geriebene Mandeln • 50 g Milch

ZUTATEN FÜR DIE FÜLLE

50 g Butter • 50 g Staubzucker
120 g Eiweiß • 50 g Feinkristallzucker
50 g Rosinen • 50 g Mandeln gerieben

ZUTATEN FÜR DIE GLASUR

120 g Staubzucker • 20 g Wasser
etwas Zitronensaft

DEKORATIONSVORSCHLAG

Mandelsplitter
Schokolade (Kuvertüre)

Tipp

So bekommen Sie die Schifferl unbeschädigt aus den Backförmchen: Das auf Zimmertemperatur abgekühlte Förmchen mit der Oberkante auf der Tischoberfläche kurz aufschlagen und dann abziehen.

Prophetenschifferl

Für den Teig Mehl, Butter, Staubzucker, Salz, Mandeln, Milch und Dotter zu einem glatten Teig kneten. Etwas ruhen lassen und kleine Förmchen (ca. 4 cm Durchmesser und ca. 2 mm dick) auslegen.

Für die Fülle Butter mit Staubzucker schaumig rühren, Eiweiß und Feinkristallzucker zu Schnee schlagen und alle Zutaten vorsichtig vermengen. Die Masse in die ausgelegten Förmchen füllen und im vorgeheizten Backrohr bei ca. 170° C 16 bis 20 Minuten backen.

Für die Glasur alle Zutaten leicht schaumig rühren und die noch warmen Prophetenschifferl damit bestreichen. Mit Mandelsplittern bestreuen und nochmals kurz backen, bis die Glasur trocken ist. Überkühlen lassen und die Schifferl aus den Förmchen herausheben. Die Unterseite in zerlassene Schokolade tunken.

Pignolistangerl

Die Mandeln mit dem Eiweiß im Mörser ganz fein verreiben. Mit Zucker vermischen und nochmals gut durchrühren. Sollte die Masse zu fest sein, gibt man noch etwas Eiweiß dazu. Ist sie zu weich, etwas Zucker dazugeben. Aus dieser Masse kleine Stangerl formen, die in Pignolien gerollt werden.

Auf ein mit Butter bestrichenes und mit Mehl bestaubtes Backblech legen. Im vorgeheizten Backrohr bei ca. 160° C 15 bis 20 Minuten backen. In noch heißem Zustand die Stangerl mit verquirltem Eiweiß bestreichen. Erkaltet oben und unten in zerlassene Schokolade tunken.

ZUTATEN FÜR DEN TEIG

170 g geriebene Mandeln
120 g Eiweiß
280 g Feinkristallzucker
100 g Pignoli (Pinienkerne)

ZUTATEN FÜRS BESTREICHEN

etwas Eiweiß

DEKORATIONSVORSCHLAG

Schokolade (Kuvertüre)

Tipp

Sie müssen die Eiweißmenge für den Teig immer nach eigenem Ermessen bestimmen, da die Feuchtigkeit der Mandeln sehr unterschiedlich ist.

Schokoladekugerl

Aus geriebener Schokolade, Mandeln, Nüssen und Zucker mit ganz wenig Wasser (ca. 1 EL) eine modellierfähige Masse kneten.

Daraus dann kleine Kugeln formen, die in geriebener Schokolade gerollt werden. Kühl stellen und zur Dekoration leicht anzuckern.

ZUTATEN FÜR DEN TEIG

150 g geriebene Schokolade (Kuvertüre)
70 g geriebene Mandeln
70 g grob gehackte Nüsse
150 g Feinkristallzucker
etwas geriebene Schokolade (Kuvertüre)
etwas Wasser

DEKORATIONSVORSCHLAG

Staubzucker

Tipp

Verwenden Sie eine hochwertige Kuvertüre mit einem Kakaoanteil zwischen 60 und 80 %. Kuvertüre mit höherem Kakaoanteil macht die Schokoladekugerl zartbitter.

Spitzbuben

Mehl, Butter, Feinkristallzucker, Dotter und Zitronenschale zu einem glatten Teig kneten, der anschließend 3 bis 4 mm dick ausgerollt wird. Runde, kleine Scheiben (ca. 3 cm Durchmesser) ausstechen, mit verquirltem Ei bestreichen und auf ein ungefettetes Backblech legen. Im vorgeheizten Backrohr bei ca. 170° C goldgelb backen.

Nach Erkalten immer 3 Stück mit Marillenmarmelade als verbindende Masse zusammensetzen. Auf die Oberfläche etwas Marillenmarmelade dressieren und mit gehackten, geröstete Nüssen verzieren.

ZUTATEN FÜR DEN TEIG

270 g glattes Mehl
200 g Butter
40 g Dotter
100 g Feinkristallzucker
etwas abgeriebene Schale einer unbehandelten Zitrone
Marillenmarmelade
verquirltes Ei

DEKORATIONSVORSCHLAG

gehackte, geröstete Nüsse

Tipp

Da der Teig sehr viel Butter enthält, brauchen Sie zum Backen der Spitzbuben weder das Backblech einfetten noch Backpapier auflegen.

Vanillekipferl

Aus Mehl, Staubzucker, Dotter, Vanillezucker, Salz, Butter und Mandeln einen Teig kneten und gut durchkühlen lassen. Kurz nochmals durchkneten, fingerdicke Stränge ausrollen und diese in längliche Stücke schneiden. Aus den Stücken Kipferl formen und auf ein mit Backpapier belegtes Blech legen. Im vorgeheizten Backrohr bei ca. 170° C etwa 15 Minuten lang hell backen.

Die Kipferl noch heiß mit der Staubzucker-Vanillezucker-Mischung dick besieben.

ZUTATEN FÜR DEN TEIG

250 g glattes Mehl
80 g Staubzucker
40 g Dotter
10 g Vanillezucker
etwas Salz
150 g Butter
150 g geriebene Mandeln

ZUTATEN ZUM BEZUCKERN

Staubzucker • Vanillezucker

Tipp

Vor dem Backen den fertigen Teig mindestens 4 Stunden gekühlt ruhen lassen! Auch die fertigen Vanillekipferl sollten Sie nicht sofort essen. Die Mürbheit stellt sich erst nach einigen Tagen Lagerung ein. Dann schmecken sie optimal!

Vanillezwieback

Zwieback

Dotter, Zucker und Vanillezucker dickschaumig rühren und danach mit Mehl und Backpulver vermischen. Teig in eine kleine, gebutterte und bemehlte Backform füllen. Oberfläche mit verquirltem Ei bestreichen. Bei ca. 170° C langsam backen (ca. 30 Minuten).

Nach dem Erkalten Backform stürzen und den gebackenen Teig in dünne Scheiben schneiden. Auf ein Backgitter legen und im vorgeheizten Rohr bei ca. 150° C ca. 15 Minuten goldgelb und knackig backen. Nach dem Abkühlen werden die oberen Hälften der Scheiben in zerlassene Schokolade (Kuvertüre) getaucht.

ZUTATEN FÜR DEN TEIG
240 g Dotter
220 g Feinkristallzucker
etwas Vanillezucker
240 g glattes Mehl
etwas Backpulver

ZUTATEN ZUM BESTREICHEN
verquirltes Ei

DEKORATIONSVORSCHLAG
Schokolade (Kuvertüre)

Tipp

Sie können den Geschmack intensivieren, indem Sie dem Teig das Mark einer Vanilleschote beimischen.

Wiener Tascherl

Für den Teig Mehl, Butter, Zucker, Vanillezucker, Dotter und Zitronenschale zu einem glatten Teig kneten. Diesen auf einer bemehlten Arbeitsfläche 3 bis 4 mm dick ausrollen. Mit einem Teigrad ca. 8 bis 10 cm große Quadrate ausradeln. Auf die Hälfte der Quadrate in die Mitte ein Häufchen Ribiselmarmelade geben. Danach ein zweites Quadrat daraufsetzen und die Ecken der beiden Quadrate aufeinanderdrücken.

Die so entstandenen Tascherln auf ein mit Backpapier belegtes Backblech legen und mit verquirltem Ei bestreichen. Im vorgeheizten Backrohr bei 170° C 15 bis 20 Minuten goldbraun backen.

Mit Ribiselmarmelade oder Spritzglasur verzieren.

ZUTATEN FÜR DEN TEIG

360 g glattes Mehl • 240 g Butter
120 g Feinkristallzucker
20 g Vanillezucker • 60 g Dotter
etwas abgeriebene Schale einer unbehandelten Zitrone

ZUTATEN ZUM FÜLLEN

180 g Ribiselmarmelade

ZUTATEN ZUM BESTREICHEN

verquirltes Ei

DEKORATIONSVORSCHLAG

Ribiselmarmelade
Spritzglasur (s. Tipp S. 25)

Tipp

Um ein Aufplatzen der Tascherl zu verhindern, sollten Sie nicht zu viel Marmelade in die Tascherl füllen.

Zimtsterne

Mandeln, Walnüsse, Feinkristallzucker, Orangeat, Zimt, Vanillezucker und Eiweiß zu einem festen Teig kneten. Den Teig auf einer mit Staubzucker bestreuten Platte 4 mm dick ausrollen.

Für die Glasur Eiweiß, Zucker und Zitronensaft zu einem festen Schnee schlagen. Den Schnee 2 mm dick auf den ausgerollten Teig streichen. Danach Sterne ausstechen.

Die Sterne auf ein mit Backpapier belegtes Blech legen und im vorgeheizten Backrohr bei 150° C ca. 15 Minuten backen.

ZUTATEN FÜR DEN TEIG

160 g geriebene Mandeln
80 g geriebene Walnüsse
340 g Feinkristallzucker
50 g Orangeat • 1 Msp. Zimt
31 g Vanillezucker
Eiweiß nach Bedarf (so viel, dass sich die Masse zum Ausrollen eignet)

ZUTATEN FÜR DIE GLASUR

60 g Eiweiß • 30 g Zitronensaft
110 g Feinkristallzucker

Tipp

Damit die Teigmasse nicht am Ausstecher kleben bleibt, ist es notwendig, den Sternausstecher immer wieder in lauwarmes Wasser zu tauchen.

Zitronenschnitten

Für den Teig alle Zutaten zu einem glatten Teig kneten und etwas ruhen lassen. Danach den Teig auf einer bemehlten Arbeitsfläche 3 mm dick ausrollen und in ca. 4 cm breite Streifen schneiden. Mit etwas Abstand auf ein mit Backpapier belegtes Backblech legen. Die Hälfte der Streifen links und rechts mit Ei bestreichen, die andere Hälfte darauf legen und im vorgeheizten Backrohr kurz (ca. 8 Minuten) bei 180° C anbacken.

Für die Fülle Butter, Zucker, Zitronenschale und Ammonium schaumig rühren und die Eier nach und nach beimengen. Das Mehl und die Mandeln vorsichtig unterheben und in die Teigstreifen dressieren. Im vorgeheizten Backrohr bei 180° C fertig backen (ca. 15 Minuten).

Für die Glasur alle Zutaten glatt rühren und die Kekse im warmen Zustand damit bestreichen. Abkühlen lassen und in ca. 2 cm breite Schnitten schneiden.

ZUTATEN FÜR DEN TEIG

300 g glattes Mehl • 200 g Butter
100 g Staubzucker • etwas Salz
40 g Dotter • 30 g Vanillezucker

ZUTATEN FÜR DIE FÜLLE

50 g Butter • 150 g Staubzucker
50 g geriebene Mandeln
etwas abgeriebene Schale einer unbehandelten Zitrone
1 Prise Hirschhornsalz (Ammonium)
70 g Ei • 100 g glattes Mehl

ZUTATEN FÜR DIE GLASUR

120 g Staubzucker • 20 g Wasser
etwas Zitronensaft

Tipp

Die Teigstreifen links und rechts mit etwas Teig verschließen. So kann die Fülle beim Backen nicht herausrinnen.

Christkindls Nachspeisen

Nachspeisen – Glanzlichter der Wiener Küche

„Dass die Wiener Mehlspeisen so gut und so sehr beliebt sind, mag wohl zu den Küchengeheimnissen gehören, die wir aber in unseren Rezepten gerne verraten…", das schrieben Hans Ziegenbein und Julius Eckel in ihrem Kochbuchklassiker *Was koche ich heute?*, der erstmals im Jahr 1932 erschienen ist. Dieses Motto gilt natürlich auch für die *Wiener Weihnachtsbäckereien*. Genauso wie ein weiteres Zitat aus oben genanntem Klassiker: „Auf keinen Fall ist die Herstellung eine schwer zu erlernende Kunst… Es gehört nur ein bisschen Sorgfalt und Aufmerksamkeit dazu und die Befolgung der ausführlichen Anleitungen."

Im alten Wien war es Brauch, nach einem festlichen Weihnachtsschmaus eine nicht minder festliche Nachspeise zu servieren. Oft waren es Torten, Kuchen oder Schnitten, die da gereicht wurden. Im Kapitel „Christkindls Nachspeisen" finden Sie statt dieser Klassiker neue Rezepte von Meisterhand. Von der Schatzkiste der Wiener Küche inspiriert, hat Meisterpatissier Herwig Gasser für dieses Buch fünf neue, köstliche Kreationen erschaffen. Sie alle beruhen auf weihnachtlichen Bäckereien, traditionellen Zutaten und alten Rezepten (wie z. B. der Bratapfel).

„Christkindls Nachspeisen" sind der krönende Abschluss eines Festtagsmenüs – zur Freude der großen und kleinen Schleckermäuler in jeder Familie.

ZUTATEN FÜR 4 FÖRMCHEN

FÜR DAS PARFAIT

100 g Marzipan • Spritzer Wasser
10 g Inländerrum (40 %) bzw. Kirschrum
60 g Dotter • 30 g gesiebter Staubzucker
3 g Vanillezucker • 90 g Eiweiß
50 g Feinkristallzucker • 200 g Obers
50 g zerbröselter Gewürzspekulatius

FÜR DIE SCHOKOSAUCE

100 g Feinkristallzucker • 100 g Wasser
200 g klein geschnittene Bitterschokolade
20 g Inländerrum (40 %) bzw. Kirschrum

DEKORATIONSVORSCHLAG

Spekulatius

Tipp

So richten Sie das Parfait perfekt an:
Teller mit Schokosauce garnieren. Das tiefgekühlte Parfait 2 bis 3 Minuten antauen lassen, kurz in heißes Wasser tauchen und aus den Förmchen stürzen. Parfait in der Mitte des Tellers platzieren und mit Spekulatius dekorieren.

Spekulatiusparfait mit Schokosauce

Für das Parfait Marzipan mit Rum und etwas Wasser weich kneten. Dotter und Staub- und Vanillezucker nach und nach beimengen und ca. 10 Minuten lang schaumig rühren.

Eiweiß und Feinkristallzucker zu Schnee schlagen. Obers schmierig aufschlagen und mit dem Schnee und den Spekulatiusbröseln vorsichtig unter das Marzipangemisch ziehen. In Förmchen füllen und über Nacht tiefkühlen.

Für die Schokosauce Feinkristallzucker mit Wasser aufkochen. Bitterschokolade beifügen und gut durchrühren. Abschließend Rum beimengen.

ZUTATEN FÜR 4 DESSERTS

FÜR DIE BISCOTTEN

120 g Eiweiß • 60 g Feinkristallzucker
120 g Dotter • 70 g glattes Mehl
abgeriebene Schale einer halben unbehandelten Orange
70 g Maisstärke • Staubzucker

FÜR DIE MOUSSE

1 Prise Lebkuchengewürz
20 g Feinkristallzucker • 40 g Dotter
50 g Eier • 10 g Vanillezucker
190 g Milchschokolade (Kuvertüre)
25 g Inländerrum (40 %) bzw. Kirschrum
320 g Obers • 1 Blatt Gelatine (dünn)
50 g sehr fein geschnittener Lebkuchen

DEKORATIONSVORSCHLAG

Schokoladestäbchen • Schokoladespäne
evtl. gelber Marzipanstern

Tipp

Das ist ein faszinierendes Festtagsdessert, zu dem Sie Sekt oder Champagner als Begleitung servieren können.

Lebkuchenmousse mit Champagner-Biskotten

Mousse

Backofen auf 200° C vorwärmen. Für die Biskotten das Eiweiß mit Zucker vermengen und zu einem festem, cremigen Schnee schlagen. Dotter mit Orangenschale glatt rühren, gemeinsam mit dem Mehl und der Maisstärke unter den Schnee ziehen. Biskotten mit einer glatten Tülle auf ein mit Backpapier belegtes Backblech dressieren. Mit Staubzucker besieben. Einen Kochlöffel in die Backofentür klemmen und bei leicht geöffnetem Rohr bei ca. 200° C ungefähr 10 Minuten backen.

Für die Mousse Lebkuchengewürz, Zucker, Dotter und Eier über Dampf heiß rühren. Vom Dampf wegnehmen und dann kalt und schaumig rühren. Die aufgelöste Milchschokolade (Kuvertüre) schnell einrühren. Die in kaltem Wasser eingeweichte Dünnblattgelatine gut ausdrücken, im erwärmten Rum auflösen und unter die Dottermasse ziehen. Zum Schluss das Obers und den Lebkuchen vorsichtig unterheben.

Mousse und Biskotten in Sektschalen füllen und mit Schokoladestäbchen, Schokoladespänen und eventuell mit einem gelben Marzipanstern dekorieren.

Granatapfelsülzchen mit Orangenfilets

Die Granatäpfel halbieren. Die Fruchtkerne mit einem Löffel herauslösen. 200 g Weißwein, Zitronensaft und Grenadinsirup mit dem Zucker verrühren. Die Gelatine in kaltem Wasser einweichen. Dann ausdrücken und in 50 g erwärmtem Weißwein auflösen. In die übrige Masse einrühren. Nun die Fruchtkerne der Granatäpfel unterheben. Das lauwarme Gelee mit den Fruchtkernen in Förmchen füllen und kühl stellen, bis das Gelee fest ist.

Orangen mit einem spitzen, scharfen Messer in einzelne Spalten filetieren.

Für den Vanilleschaum Weißwein, Kristallzucker, Dotter, Vanillezucker und das Mark der Vanilleschote heiß und schaumig rühren.

Die Förmchen kurz in warmes Wasser tauchen und auf den Teller stürzen. Mit Vanilleschaum und Orangenfilets garnieren.

ZUTATEN FÜR 4 PORTIONEN
FÜR DAS SÜLZCHEN
4 Granatäpfel • 10 g Zitronensaft
250 g Weißwein (Muskateller)
30 g Grenadinesirup
40 g Feinkristallzucker
2 Orangen • 3 Blatt Gelatine (dünn)

FÜR DEN VANILLESCHAUM
125 g Weißwein
140 g Feinkristallzucker
60 g Dotter • 10 g Vanillezucker
ausgekratztes Mark einer Vanilleschote

DEKORATIONSVORSCHLAG
Granatapfelkerne
kandierte Orangenschalen

Tipp

Um Orangenfilets zu erhalten, sollten Sie bei der Orange zuerst die Enden wegschneiden und die Schale von oben nach unten abschneiden. Dann können Sie mit dem spitzen Messer entlang der Haut das Fruchtfleisch herausschneiden.

Walnuss-Marzipan-Bratapfel

Bratapfel

Die Äpfel abspülen und mit einem Apfelausstecher aushöhlen. Die Öffnung mit einem Küchenmesser etwas erweitern. Walnüsse, Löffelbiskuit, Rohmarzipan, Apfelsaft und Zimt abkneten. Die Äpfel damit füllen und obenauf einen Löffel Preiselbeermarmelade geben. Eine Auflaufform mit Butter ausstreichen und gefüllte Äpfel hineinsetzen. Im vorgeheizten Backofen bei 200° C 15 bis 20 Minuten backen.

Für die Sauce Puddingpulver mit Apfelsaft, Dotter und Obers kalt anrühren. Milch mit Kristallzucker sowie Orangenschale aufkochen und das Puddingpulvergemisch einrühren. Unter ständigem Rühren nochmals kurz aufkochen und dann etwas abkühlen lassen.

Bratäpfel mit Staubzucker bestäuben und mit Minzblättern dekorieren. Mit Beeren nach Belieben und der Sauce anrichten.

ZUTATEN FÜR 4 ÄPFEL

FÜR DEN BRATAPFEL

4 Äpfel • 80 g grob gehackte Walnüsse
4 Stück zerbröselter Löffelbiskuits
80 g Rohmarzipan (1:2)
80 g Apfelsaft • 1 Prise Zimt
Preiselbeermarmelade

FÜR DIE SAUCE

40 g Vanillepuddingpulver
80 g Apfelsaft • 20 g Dotter
100 g Obers • 300 g Milch
40 g Feinkristallzucker
1 Prise abgeriebene Schale einer unbehandelten Orange

DEKORATIONSVORSCHLAG

Staubzucker • Minzblätter • Beeren

Wissenswert

In Wien und in ganz Österreich liebt man Äpfel. Mehr als 76.000 Tonnen Äpfel werden pro Jahr im Land verkauft. Herr und Frau Österreicher essen jedes Jahr pro Kopf und Nase rund 28 Kilo Äpfel.

ZUTATEN FÜR 4 PORTIONEN

FÜR DEN AUFLAUF

120 g Zucker • 150 g Eier • 90 g Butter
95 g Schokolade (Kuvertüre)
40 g glattes Mehl
50 g fein gehackter kandierter Ingwer

FÜR DIE BIRNENSPALTEN

50 g Butter • 50 g Kristallzucker
1 geschälte Birne, in Spalten geschnitten

FÜR DEN VANILLESCHAUM

125 g trockener Weißwein • 60 g Dotter
40 g Feinkristallzucker • 10 g Vanillezucker
ausgekratztes Mark einer Vanilleschote

DEKORATIONSVORSCHLAG

Schokoladelocke

Tipp

Für den flüssigen Kern muss der Auflauf gut gekühlt ins Backrohr geschoben werden. Nur so bäckt er außen schneller und bleibt in der Mitte flüssig.

Ingwer-Schoko-Auflauf mit flüssigem Kern

Für den Auflauf Zucker und Eier zuerst über Dampf warm, danach kalt und schaumig schlagen. Schokolade und Butter bei ca. 40° C auflösen und mit dem gesiebten Mehl in die Eiermasse rühren. Diese Masse 5 Minuten schlagen. Kandierten Ingwer beifügen und gut vermischen. Masse in gebutterte, gezuckerte Förmchen (5 cm hoch, 3 bis 4 cm Durchmesser) füllen. Mindestens 2 Stunden im Kühlschrank lagern. Dann im vorgeheizten Backrohr bei 200° C etwa 10 Minuten backen.

Für die karamellisierten Birnenspalten Butter in einer Pfanne erhitzen. Kristallzucker dazugeben und karamellisieren lassen. Birnenspalten in die Pfanne geben und kurz ziehen lassen.

Für den Vanilleschaum Weißwein, Zucker, Dotter, Vanillezucker und das Mark der Vanilleschote erhitzen und schaumig rühren.

Weihnachten in Hülle und Fülle

Stollen und Strudel für die Festtage

Der Ursprung der Stollen und süßen Brote, die anlässlich hoher, kirchlicher Feste gebacken werden, reicht weit in die „heidnische" Zeit zurück. So haben z. B. schon die Kelten klein geschnittene, getrocknete Früchte dem Brotteig beigemischt. Aber auch die Beimengung von Samenkernen (Anis, Fenchel, Koriander oder Mohn), von Wal- und Haselnüssen sowie von Mandelkernen hat bei weihnachtlichen Bäckereien eine jahrhundertlange Tradition. Samen und Kerne galten ursprünglich als Symbol für neu geborenes Leben (und somit für die Geburt Christi).

Der Strudel hingegen ist orientalischen Ursprungs. Ob nun aus Spanien stammende habsburgische Zuckerbäcker (siehe Einleitung) den Strudel in Form des „Spanischen Teigs" (= Blätterteigstrudel) nach Wien brachten oder der Strudel mit den Türken hierher kam, ist ungewiss. Wahrscheinlich waren beide Einflüsse ausschlaggebend dafür, dass in Wien eine echte Strudelkultur entstand. Von süßen Strudeln wie Apfel-, Topfen-, Mohn-, Nuss-, Mandel-, Grieß-, Milchrahm-, Weinbeer-, Zwetschken-, Kirschen-, Birnenstrudel bis hin zu salzigen wie dem Kraut-, Schwammerl- oder Fleischstrudel gibt es unzählige Rezepte.

Das Wort „Strudel" selbst stammt vom althochdeutschen „stredan" (= wallen, brausen) und beschreibt das wasserwirbelartige, schneckenförmige Aussehen jedes Strudels.

ZUTATEN FÜR DEN TEIG

170 g gemischte Trockenfrüchte
(z. B. Datteln, Feigen, Rosinen, Marillen)
1 EL Sonnenblumenkerne
1 EL Kürbiskerne • 170 g Butter
Weizenkörner oder Weizenschrot
80 g Rohmarzipan (1:2)
1 EL sehr fein gehackte Aranzini
8 g Vanillezucker • 1 Prise Salz
1 Prise abgeriebene Zitronenschale
1 Prise Kardamom • Zimt (1 Teelöffel)
100 g Dotter • 90 g Eiweiß • 40 g Honig
50 g brauner Rohzucker
210 g griffiges Mehl (Type 700)
1 Prise Backpulver • 1 EL gehackte Mandeln

DEKORATIONSVORSCHLAG

mit Fondant (Zuckerglasur) glasieren
geröstete Mandelsplitter
gelber Marzipanstern

Tipp

Wenn Sie das Früchtebrot nicht in einer großen Form, sondern in mehreren hübschen, kleinen Förmchen backen, können Sie diese Förmchen samt Inhalt hübsch verpacken und als weihnachtliche Präsente verschenken.

Advent-Früchtebrot

Die mittelgrob geschnittenen Trockenfrüchte mischen. Mit Sonnenblumen- und Kürbiskernen sowie Weizenkörnern über Nacht in Wasser einweichen.

Die zimmerwarme Butter mit dem weich gekneteten, in kleine Stücke gebrochenen Rohmarzipan, mit Aranzini, Vanillezucker, Salz, Zitronenschale, Kardamom und Zimt schaumig rühren. Anschließend Dotter nach und nach einrühren. Eiweiß mit Rohrzucker und Honig zu schmierigem Schnee schlagen. Mehl mit Backpulver sieben und mit dem Eischnee in den Butterabtrieb rühren. Die abgetropften Trockenfrüchte, Mandeln, Weizenkörner, Kürbis- und Sonnenblumenkerne untermengen. Die Masse in eine bebutterte und bemehlte Kuchenform füllen.

Den Kuchen im vorgeheizten Rohr bei 190° C 10 Minuten anbacken, dann bei 160 bis 170° C ca. 35 Minuten – je nach Größe der Backform – ausbacken.

ZUTATEN FÜR DEN TEIG

470 g glattes Mehl • 30 g Hefe
135 g Milch • 50 g Feinkristallzucker
200 g Butter • 25 g Dotter • 1 Prise Salz
10 g Vanillezucker • 1 Prise Zimt
1 Prise abgeriebene Schale einer unbehandelten Zitrone
100 g Inländerrum (40 %) bzw. Kirschrum
1 Prise Kardamom • 90 g Aranzini
90 g Zitronat • 160 g Rosinen
25 g gehobelte und geröstete Haselnüsse

ZUTATEN FÜR DIE FÜLLE

115 g Marzipan • 25 g Dotter
60 g fein gehackte Aranzini
20 g Vanillezucker • 210 g Orangenlikör

DEKORATIONSVORSCHLAG

zerlassene Butter
oranger Marzipanstern
Vanille- und Staubzucker

Anekdote

In Wien sagt man „Germ" zur Hefe. Und da früher allgemein bekannt war, dass ein Germteig ruhen muss, um groß und dick zu werden, legte man diesen Umstand auch auf Menschen um. Wenn jemand massiv an Gewicht zugelegt hat, hieß es daher: „Der ist aufgegangen wie ein Germteig."

Christstollen

Stollen

Die Hefe mit 10 g Zucker in lauwarmer Milch (ca. 40° C) auflösen und mit 190 g Mehl zu einem Dampfl verrühren. Mit etwas Mehl bestäuben und an einem warmen Ort mit einem Tuch zugedeckt ruhen lassen, bis das Mehl an der Oberfläche Sprünge bekommt. Butter erwärmen und mit Dotter, Vanillezucker, Salz, Zitronenschale, Rum, dem restlichen Kristallzucker, Zimt und Kardamom glatt rühren. Danach mit dem restlichen Mehl und dem Dampfl zu einem geschmeidigen Teig kneten. Den Teig auf doppelte Größe gehen lassen und danach Aranzini, Zitronat, Rosinen und die gerösteten Haselnüsse einkneten. Bei Zimmertemperatur nochmals ruhen lassen, kurz durchkneten und dann auf einer bemehlten Abeitsfläche rechteckig ausrollen.

Für die Fülle Marzipan, fein gehackte Aranzini, Dotter, Vanillezucker und Orangenlikör gut vermischen. Die Fülle mittels eines Dressiersacks entlang der längeren Teigseite (bitte ca. 2 cm Abstand vom Rand halten!) aufspritzen. Dann mit der Fülle bis zur Mitte des Rechtecks einklappen. Nun die obere, leere Teighälfte zur Mitte klappen. Abschließend gefüllte Hälfte auf die ungefüllte Hälfte legen, sodass die typische Stollenform entsteht. Den Stollen auf ein vorbereitetes Backblech legen und an einem warmen Ort (30° C) ca. 60 Minuten garen lassen. Im vorgeheizten Backrohr bei 170 bis 180° C ca. 45 Minuten backen.

Die Butter zerlassen und damit den heißen Stollen bestreichen. Eine Mischung aus Staub- und Vanillezucker darübersieben und mit der Hand einmassieren.

ZUTATEN FÜR DEN TEIG

125 g Milch • 25 g Hefe • 60 g Butter
330 g glattes Mehl • 1 Prise Salz
35 g Feinkristallzucker • 3 g Eier
etwas abgeriebene Schale einer
unbehandelten Zitrone

ZUTATEN FÜR DIE FÜLLE

125 g gemahlenen Mohn • 25 g Eier
25 g Rosinen • 10 g zerbröselter Zwieback
10 g fein gehackter kandierter Ingwer
100 g Milch

ZUTATEN FÜR DIE GLASUR

50 g Staubzucker
etwas Zitronensaft

DEKORATIONSVORSCHLAG

Mohn • Staubzucker

Tipp

Hefe und Salz sollten niemals direkt miteinander in Kontakt kommen. Deshalb das Salz für den Teig immer vorweg mit den Dottern vermengen.

Mohnstrudel mit kandiertem Ingwer

Die Milch mit einer Prise Kristallzucker erwärmen (ca. 40° C), Hefe darin auflösen und mit 80 g Mehl zu einem Dampfl verarbeiten. Mit etwas Mehl bestäuben und an einem warmen Ort mit einem Tuch zugedeckt ruhen lassen, bis das Mehl an der Oberfläche Sprünge bekommt. Die Butter erwärmen und mit restlichem Kristallzucker, Salz, Eiern und Zitronenschale glatt rühren. Das Butter-Gemisch mit dem Dampfl und dem restlichen Mehl zu einem glatten, geschmeidigen Teig kneten. Mit einem Tuch bedecken und an einem warmen Ort auf doppelte Größe aufgehen lassen. Danach nochmals kurz durchkneten.

Den Teig auf einer bemehlten Arbeitsfläche zu einem Rechteck ausrollen. Für die Fülle Mohn, Rosinen, Zwiebackbrösel, Eier, Ingwer und Milch miteinander vermischen. Diese Fülle auf den Teig streichen und das Ganze zusammenrollen. Die Enden einschlagen, damit die Fülle nicht herausquillt. Den Mohnstollen auf ein mit Backpapier ausgelegtes Blech setzen und nochmals 15 bis 20 Minuten ruhen lassen. Mehrere Male mit einem scharfen Messer schräg einritzen und im vorgeheizten Rohr bei 200° C ca. 20 Minuten backen. Danach die Temperatur auf 170° C reduzieren und den Stollen weitere 20 Minuten fertig backen.

Für die Glasur den Staubzucker mit Zitronensaft glatt verrühren, den Stollen damit bestreichen. Mit Mohn und Staubzucker bestreuen.

ZUTATEN FÜR DEN TEIG

150 g Butter • 8 g Vanillezucker
1 Prise Salz • 40 g Staubzucker
1 Prise abgeriebene Schale einer unbehandelten Zitrone
40 g Eier • 135 g Milch • 25 g Hefe
1 Prise Feinkristallzucker
330 g glattes Mehl • 40 g Zitronat
65 g kleinwürfeliges Orangeat

ZUTATEN FÜR DIE FÜLLE

70 g Maraschino (Kirschlikör)
240 g Rohmarzipan (1:2) • 100 g Pistazien
90 g Staubzucker • etwas Eiweiß

ZUTATEN FÜR DIE OBERFLÄCHE

heiße Butter • Vanillezucker
Staubzucker

Wissenswert

Unglaublich, was alles in Pistazien steckt: Vitamin E, Provitamin A, Vitamin B1, Kalium, Kalzium, Phosphor, Magnesium und Eisen. Pistazien haben einen süßlichen, mandelähnlichen Geschmack und harmonieren hervorragend mit dem aus Mandeln hergestellten Marzipan.

Pistazienstollen

Stollen

Zimmerwarme Butter, Vanillezucker, Salz, Zitronenschale und Staubzucker schaumig rühren. Die Eier nach und nach beimengen. Für das Dampfl die Milch erwärmen (ca. 40° C). Eine Prise Kristallzucker beimengen. Hefe darin auflösen und mit 50 g Mehl zu einer zähflüssigen Masse vermischen. Mit etwas Mehl bestäuben und an einem warmen Ort mit einem Tuch zugedeckt ruhen lassen, bis das Mehl an der Oberfläche Sprünge bekommt. Butterabtrieb und Dampfl vermischen. Orangeat, Zitronat und restliches Mehl beimengen. Alles zu einem glatten Teig kneten. An einem warmen Ort zugedeckt auf ungefähr die doppelte Größe gehen lassen und nochmals kurz durchkneten.

Für die Fülle Pistazien im Mörser zerdrücken. Mit dem Marzipan und danach mit Staubzucker und Maraschino verkneten. Die Festigkeit mit etwas Eiweiß regulieren. In einen Dressiersack mit Lochtülle füllen.

Den Teig auf einer bemehlten Arbeitsfläche zu einem Viereck ausrollen. Die Fülle entlang des längeren Teigrandes (bitte ca. 2 cm Abstand halten!) aufspritzen. Den Teig mit Fülle einrollen, umdrehen und in eine bebutterte und bemehlte Stollenform geben. Ca. 50 Minuten an einem warmen Ort gehen lassen und dann im vorgeheizten Backrohr bei ca. 170° C ca. 40 Minuten goldbraun backen. Den fertigen, heißen Stollen in heiße Butter tauchen und im Staubzucker-Vanillezucker-Gemisch wälzen.

ZUTATEN FÜR DEN TEIG

1 Prise Salz • 100 g flüssige Butter
150 g lauwarme Milch • 40 g Hefe
105 g Feinkristallzucker • 10 g Vanillezucker
500 g glattes Mehl • 100 g Eier • 40 g Dotter
1 Prise abgeriebene Schale einer unbehandelten Zitrone
10 g Inländerrum (40 %) bzw. Kirschrum

ZUTATEN FÜR DIE FÜLLE

200 g Milch • 40 g Honig • 1 Prise Zimt
50 g Feinkristallzucker • 10 g Vanillezucker • 20 g Rum
40 g Rosinen • 13 g Biskuitbrösel • 400 g Rohmarzipan (1:2)
abgeriebene Schale einer unbehandelten Zitrone
130 g geröstete und geriebene Walnüsse

ZUTATEN FÜR DIE OBERFLÄCHE

20 g Dotter • Schuss Milch
1 Prise Salz • 1 Prise Feinkristallzucker

DEKORATIONSVORSCHLAG

Marillenmarmelade • Fondant (Zuckerglasur)
gehobelte Mandeln

Tipp

Sollte sich die Nussfülle nicht gut streichen lassen, fügen Sie noch etwas Milch hinzu.

Walnuss-Marzipan-Strudel

In lauwarmer Milch (ca. 40° C) eine Prise Kristallzucker gemeinsam mit der Hefe auflösen. Danach mit 100 g Mehl zu einem Dampfl verrühren. Mit etwas Mehl bestäuben und an einem warmen Ort zugedeckt ruhen lassen, bis das Mehl an der Oberfläche Sprünge bekommt. Den restlichen Zucker, Salz, flüssige Butter, Eier, Rum, Vanillezucker, Dotter und Zitronenschale verrühren. Mit dem restlichen Mehl und dem Dampfl zu einem geschmeidigen Teig kneten. Zugedeckt an einem warmen Ort wieder auf doppelte Größe aufgehen lassen.

Für die Nussfülle die Milch mit Honig, Kristallzucker, Vanillezucker, Zimt und der Zitronenschale aufkochen. Walnüsse mit Rosinen und Biskuitbröseln gut vermengen und danach unter das kochende Milchgemisch rühren. Kurz abkühlen lassen und dann den Rum dazugeben.

Den Teig nochmals kurz durchkneten. Zwei ca. 5 mm dicke und ca. 35 x 30 cm große Teigplatten für 2 Strudel ausrollen. Die Nussfülle jeweils auf die Teigplatten streichen. Aus dem Marzipan 2 ca. 3 mm dicke Platten ausrollen. Diese jeweils auf die Nussfülle legen und alles gemeinsam fest einrollen. Die so entstandenen Strudel auf ein vorbereitetes Backblech setzen und ca. 30 Min ten an einer warmen Stelle gehen lassen.

Für die Oberfläche Dotter, Milch, Salz und Feinkristallzucker vermengen. Die Strudel damit bestreichen und im vorgeheizten Backrohr bei ca. 160° C 35 bis 40 Minuten goldbraun backen. Nach dem Backen die beiden Strudel mit aufgekochter Marillenmarmelade bestreichen. Mit Fondant verzieren und mit gehobelten Mandeln bestreuen.

Von süßem Schnee und Busserln

Schnee

Süße Tradition, die auf der Zunge zergeht

„Leise rieselt der Schnee, still und starr liegt der See. Weihnachtlich glänzet der Wald. Freuet Euch s'Christkind kommt bald!" Dieses sehr bekannte Weihnachtslied zeigt sehr anschaulich, dass das Weihnachtsfest und der Schnee in unserer Vorstellung untrennbar miteinander verbunden sind.

Das trifft nicht nur auf den Schnee draußen in der Natur, sondern auch auf den „süßen Schnee" zu. Dafür werden Zucker und Eiweiß vermengt, zu Schnee geschlagen und mit Mandeln oder Nüssen verfeinert. Wenn diese Masse im Rohr gebacken wird, entsteht eine der beliebtesten Weihnachtsbäckereien: die Makrone oder das Busserl.

Das Wort „Makrone" wurde ursprünglich als „macaron" aus dem Französischen übernommen. Dieses Wort geht wahrscheinlich auf den italienischen Begriff „maccare" (= zerdrücken) zurück und bezieht sich auf die zerdrückten bzw. geriebenen Mandeln in der Makronenmasse. Seit dem 17. Jahrhundert sind die Makronen im deutschen Sprachraum bekannt und zählen seit damals zu den traditionellen Weihnachtsbäckereien.

Im alten Wien gab es für dieses Weihnachtsgebäck die unterschiedlichsten Bezeichnungen: Macrone bzw. Makrone, Busserl bzw. Kuss und auch Krapferl waren gebräuchlich.

Dattel-Mandel-Kuss

Kuss

Eiweiß mit der Hälfte des Staubzuckers, dem Zitronensaft und dem Salz zu steifem Schnee schlagen. Nach und nach den restlichen Staubzucker einrieseln lassen, bis die Masse dickschaumig ist. Weizenstärke, Datteln, Mandeln, Orangeat, Orangenschale und Grand Marnier vermengen und unter die Masse heben. Mit zwei Teelöffeln kleine Häufchen auf ein mit Backpapier ausgelegtes Backblech portionieren. Im vorgeheizten Backrohr bei 160° C 15 bis 20 Minuten backen. Abkühlen lassen und die Unterseiten in zerlassene Schokolade tunken. Mit Datteln verzieren.

ZUTATEN FÜR DIE MASSE

120 g Eiweiß • 1 EL Zitronensaft
1 Prise Salz • 275 g Staubzucker
10 g Weizenstärke
100 g fein gehackte, getrocknete Datteln
200 g fein gehackte Mandeln
50 g Orangeat • 10 g Grand Marnier
abgeriebene Schale einer unbehandelten Orange

DEKORATIONSVORSCHLAG

Schokolade (Kuvertüre) • Datteln

Tipp

Die zwei Teelöffel immer wieder in heißes Wasser eintauchen, dann lösen sich die Busserl leichter.

Holunderbusserl

85 g Feinkristallzucker und Eiweiß zu Schnee schlagen. Holundersirup und restlichen Feinkristallzucker zum Flug kochen (Schlingenprobe; s. Tipp bei Moccabusserl S. 84) und langsam in den geschlagenen Schnee rühren. Nochmals fest aufschlagen, auf ein mit Backpapier belegtes Backblech Busserl dressieren und mit gehobelten Mandeln bestreuen. Im vorgeheizten Backrohr bei 100 bis 120° C 30 Minuten backen. Abkühlen lassen und mit zerlassener Schokolade (Kuvertüre) zusammenkleben.

ZUTATEN FÜR DIE MASSE
285 g Feinkristallzucker
150 g Eiweiß
70 g Holundersirup

ZUTATEN FÜR DIE FÜLLE
Schokolade (Kuvertüre)

ZUTATEN ZUM BESTREUEN
gehobelte Mandeln

Tipp

Verwenden Sie für das Füllen bzw. Zusammenkleben der Busserl am besten Bitterschokolade. Sie harmoniert perfekt mit dem Holundergeschmack.

Kokoskrapferl

Eiweiß und Kristallzucker zu Schnee schlagen. Kokosraspeln und Zitronenschale unterheben. Den Schnee in einem Kochtopf am Herd rösten, bis sich die Masse vom Rand löst. Abkühlen lassen und das Mehl unterheben. Die Backoblaten auf ein mit Backpapier ausgelegtes Blech legen. Die nicht allzu flüssige Masse in einen Dressiersack mit glatter Tülle füllen und auf die Oblaten spritzen. Etwa 30 Minuten trocknen lassen und danach im vorgeheizten Backrohr bei 160° C ca. 15 Minuten backen. Nach dem Abkühlen mit zerlassener Schokolade bestreichen und in Kokosraspeln wälzen.

ZUTATEN FÜR DIE MASSE

240 g Eiweiß
500 g Feinkristallzucker
250 g Kokosraspeln
1 Prise abgeriebene Schale einer unbehandelten Zitrone
30 g glattes Mehl
60 Backoblaten (5 cm Durchmesser)

DEKORATIONSVORSCHLAG

Schokolade (Kuvertüre)
Koskosraspeln

Anekdote

In alten Kochbüchern wird rundliches Kleingebäck oft auch als Krapferl bezeichnet. Krapferl haben – außer der rundlichen Form – nichts mit dem fast gleichnamigen Schmalzgebäck gemeinsam. Dessen Erfindung geht der Legende nach auf die Wiener Köchin Cäcilie Krapf zurück, weswegen die Krapfen in Wien auch „Cillikugeln" genannt wurden.

Makronenstangerl

Stangerl

Feinkristallzucker und Eiweiß zu Schnee schlagen. Die restlichen Zutaten unterheben und in einem Kochtopf rösten, bis die Masse zähflüssig ist. Die noch warme Masse auf die Oblaten streichen. Ca. 1 Stunde trockenen lassen und dann in kleine Stangerl schneiden. Auf ein mit Backpapier belegtes Backblech legen und im vorgeheizten Backrohr bei 170° C ca. 15 Minuten goldbraun backen. Noch heiß mit Läuterzucker bestreichen. Abkühlen lassen und mit zerlassener Schokolade und Aranzini verzieren.

Für Läuterzucker werden immer Zucker und Wasser zu gleichen Teilen vermischt und aufgekocht. Gegenüber normalem Zucker besitzt Läuterzucker den Vorteil, dass er sich schnell und restlos auflöst.

ZUTATEN FÜR DIE MASSE

150 g Feinkristallzucker • 120 g Eiweiß
70 g abgeriebene Schale einer unbehandelten Orange
150 g geröstete und geriebene Mandeln
40 g glattes Mehl • 1 Prise Zimt
Spritzer Zitronensaft
eckige Backoblaten (ca. 3 cm lang)

ZUTATEN FÜR DEN LÄUTERZUCKER

100 g Wasser • 100 g Feinkristallzucker

DEKORATIONSVORSCHLAG

Schokolade (Kuvertüre) • Aranzini

Wissenswert

Der Begriff Läuterzucker kommt von läutern (reinigen). Denn früher wurde Zucker nicht in der Fabrik, sondern erst nach dem Auflösen im Wasser geläutert (gereinigt).

ZUTATEN FÜR DIE MASSE

170 g Feinkristallzucker
100 g kaltes Wasser
210 g geriebene Mandeln
210 g Staubzucker • 180 g Eiweiß

ZUTATEN FÜR DIE FÜLLE

75 g Eier • 75 g Feinkristallzucker
15 g Fruchtzucker • 50 g Wasser
175 g Butter • ausgeschabtes Mark einer Vanilleschote

DEKORATIONSVORSCHLAG

Lebensmittelfarbe oder Kakaopulver

Tipp

Die Fadenprobe bzw. die Temperatur der Zuckers misst man folgendermaßen: Man nimmt mit einem Kochlöffel etwas Zucker aus dem Topf, taucht zwei Finger in Eiswasser und nimmt den Zucker zwischen beide Finger. Wenn sich beim Öffnen der Finger ein feines Fädchen bildet, hat der Zucker die richtige Temperatur. Apropos Buttercreme: Sie kann nicht nur mit Vanillemark, sondern auch mit Kakaopulver oder mit fruchtigen Likören aromatisiert werden.

Makronen

Für die Masse 150 g Zucker und das Wasser in einem Topf bis zur Fadenprobe kochen (121° C; diese Temperatur erreicht man ca. 5 Minuten nach dem ersten Aufkochen). Kurz bevor der Zucker seine richtige Temperatur erreicht hat (s. Tipp), das Eiweiß mit dem restlichen Zucker leicht aufschlagen. Dann den gekochten Zucker in einem dünnen Strahl in das Eiweiß einlaufen lassen. Mit dem elektrischen Handmixer so lange weiter schlagen, bis die Masse kalt ist. Den Backofen auf 150° C vorheizen, das Backblech mit Backpapier auslegen.

Mandeln mit Staubzucker und Eiweiß vermischen. Nun vorsichtig ein Drittel der Eiweiß-Zucker-Masse unter die Mandelmasse ziehen, dann die restliche Masse unterheben. Zu Dekorationszwecken kann die Masse mit Lebensmittelfarbe oder Kakaopulver eingefärbt werden.

Masse in einen Dressiersack füllen und mit einer Lochtülle flache Tupfen (3 cm Durchmesser) auf das Backblech spritzen. Ca. 1 Stunde bei Zimmertemperatur trocknen lassen.

Bei leicht geöffneter Ofentür 15 bis 20 Minuten backen. Die Makronen dürfen keine Farbe annehmen.

Für die Fülle Eier (Zimmertemperatur!) in einer Schüssel schaumig schlagen. Kristallzucker und Fruchtzucker im Wasser aufkochen und abschäumen. Weiterkochen bis zur Fadenprobe (s. Tipp S. 82). Dann unter Rühren die Kristallzucker-Fruchtzucker-Lösung zu den aufgeschlagenen Eiern geben. Diese Masse weiterschlagen, bis sie auf Zimmertemperatur abgekühlt ist. Die zimmerwarme Butter cremig schlagen und die Eier-Zucker-Mischung vorsichtig unterrühren. Das Vanillemark hinzufügen und alles gründlich vermischen. 10 Minuten ruhen lassen. Danach nochmals kräftig durchschlagen.

Nach dem Erkalten ein bisschen Buttercreme in die Mitte einer Makrone platzieren und eine zweite Makrone darauf setzen.

ZUTATEN FÜR DIE MASSE
85 g Staubzucker • 150 g Eiweiß
70 g Wasser • 290 g Feinkristallzucker
10 g Löskaffeepulver

ZUTATEN FÜR DIE FÜLLE
120 g Schlagobers • 10 g Honig
2 EL Löskaffeepulver
160 g klein gehackte Schokolade
(Kuvertüre)

Tipp

Schlingenprobe: Hierzu eine kleine Drahtschlinge in den kochenden Zucker tauchen. Wenn man durchpustet und dabei eine Art Seifenblase entsteht, ist die Temperatur richtig.

Moccabusserl

Eiweiß und Staubzucker zu einem steifen Schnee schlagen. Wasser, Löskaffeepulver und Kristallzucker bis zum Flug kochen (Schlingenprobe: s. Tipp S. 84) langsam unter den Schnee heben und nochmals kräftig aufschlagen.

Busserl auf ein mit Butterpapier belegtes Blech dressieren und im vorgeheizten Backrohr bei 100 bis 120° C ca. 30 Minuten backen.

Für die Fülle Obers mit Honig und Löskaffeepulver aufkochen. Das Ganze mit der klein gehackten Kuvertüre vermischen und gut durchrühren. Zum Abkühlen in einen großen, flachen Behälter gießen und bei Zimmertemperatur stocken lassen. Achtung: Die Fülle nach dem Stocken nicht mehr durchrühren, sonst verliert sie den Glanz und den cremigen Geschmack.

Je ein Busserl mit ein bisschen Creme bestreichen und mit einem zweiten Busserl zusammensetzen.

Rosenmakronen

Makronen

Für die Masse Eiweiß und Zucker zu Schnee schlagen. Mit geriebenen Mandeln, Zitronenabrieb und Rosenöl vorsichtig vermengen. Kleine Häufchen auf die Oblaten dressieren und im vorgeheizten Backrohr bei ca. 160° C backen.

Für die Rosenwasserglasur Staubzucker, Rosenwasser und Rosenöl glatt rühren. Die noch warmen Makronen mit Rosenwasserglasur bestreichen und zur Hälfte in zerlassene Schokolade tunken und mit kandierten Rosenblütenblättern garnieren.

ZUTATEN FÜR DIE MASSE

240 g Eiweiß • 500 g Feinkristallzucker
250 g geriebene Mandeln
1 Prise abgeriebene Schale einer unbehandelten Zitrone
Spritzer Rosenöl • runde Oblaten

ZUTATEN FÜR DIE GLASUR

120 g Staubzucker • 20 g Rosenwasser
Spritzer Rosenöl

DEKORATIONSVORSCHLAG

Schokolade (Kuvertüre)
kandierte Rosenblütenblätter

Tipp

So kandieren Sie Rosenblütenblätter:
Die Blütenblätter abzupfen und durch gequirltes Eiweß ziehen. Blätter auf beiden Seiten mit Kristallzucker bestreuen und auf ein mit Backpapier belegtes Backblech legen. Bei 70° C ca. 3 Stunden im Backrohr trocknen lassen. Wenn Sie in einem verschlossenen Gefäß aufbewahrt werden, behalten kandierte Rosenblätter mindestens ein Jahr ihr Aroma. Verwenden Sie nur ungespritzte Rosen!

Schneeberge

Eiweiß und Kristallzucker zu Schnee schlagen. Mandeln und Zimt trocken vermengen und vorsichtig unterziehen. Auf die Oblaten spitze Berge dressieren und im vorgeheizten Backrohr bei ca. 160° C 10 bis 15 Minuten backen. Abkühlen lassen und die Unterseite in zerlassene Schokolade tunken.

ZUTATEN FÜR DIE MASSE

105 g Eiweiß • 1 Prise Zimt
250 g Feinkristallzucker
125 g geriebene Mandeln
runde Backoblaten (3 cm Durchmesser)

DEKORATIONSVORSCHLAG

Schokolade (Kuvertüre)

Wissenswert

Mandeln waren im alten Wien äußerst beliebt. So wurden um 1890 in der österreichischen Hauptstadt – zusätzlich zu einer Eigenernte von ca. 45.000 Zentnern – weitere 10.000 Zentner importierte Mandeln verbraucht. Süßigkeiten aus Mandelteig wurden auch auf der Straße von meist aus Italien stammenden sogenannten „Mandolettikrämern" mit folgendem Ausruf verkauft: „Letti-Mondoletti! Bombiletti! Commandi, signore?"

Glossar

Ammonium (bicarbonat) Triebmittel, das zur Teiglockerung verwendet wird; im Fachhandel erhältlich.

Abseihen Flüssigkeit abgießen.

Aprikotieren Das Bestreichen oder Tunken von Gebäck mit bzw. in kochend heißer Marillenmarmelade.

Aranzini Österreichische Bezeichnung für -> Orangeat.

Auflauf Mit Eischnee aufgelockerte Masse, die im Wasserbad im Backofen gebacken wird.

Biskotten Österreichische Bezeichnung für Löffelbiskuit.

Biskuitbrösel Getrocknetes, fein geriebenes Biskuit.

Busserl Österreichische Bezeichnung für Makronen.

Dampfl Österreichische Bezeichnung für den Vorteig oder Teigansatz beim Hefeteig.

Dotter Eigelb.

Dressieren Aufspritzen einer Masse mit Hilfe eines Dressiersackes und einer entsprechenden -> Tülle.

Dressiersack Spritzbeutel.

Eischnee Geschlagenes Eiweiß, eventuell mit Zucker.

Filetieren Herausschneiden des Fruchtfleischs aus den Trennhäuten von Zitrusfrüchten.

Fondant Weiße Zuckerglasur, die im Lebensmittelhandel erhältlich ist.
Darf nur im Wasserbad handwarm erwärmt werden.

Fruchtmark Pürierte bzw. passierte Fruchtmasse ohne Schalen, Kerngehäuse und Kerne.

Fruchtzucker Aus Früchten gewonnener Zucker (Fructose).

Gelatine (Dünnblattgelatine) Geliermittel, das im Handel in Pulver- oder
Blattform erhältlich ist.

Germ Österreichische Bezeichnung für Hefe.

Gewürznelken Getrocknete Blütenknospen des Gewürznelkenbaums.

Glasieren Überziehen mit einer Glasur.

Glasur Überguss aus Zucker, Schokolade etc.

Grand Marnier Französischer Orangenlikör, hergestellt aus Bitterorangen.

Grenadinesirup Roter, alkoholfreier Fruchtsirup, der aus Granatapfelsaft oder
aus dem Saft von Beeren hergestellt wird.

Glossar

Haarsieb Ganz feines Sieb.

Halbsteif schlagen Nicht zu festes Aufschlagen einer cremigen Masse oder eines Schnees.

Hirschhornsalz -> Ammonium

Holundersirup Sirup aus angesetzten Holunderblüten.

Inländerrum Spirituose, die aus Melasse oder aus frischem Zuckerrohrsaft gewonnen und mit verschiedenen Aromen versetzt wird. Gibt es hauptsächlich in Österreich.

Kalt schlagen Eine warme Masse wird so lange geschlagen, bis sie schaumig und kühl ist.

Kardamom Gehört zur Familie der Ingwergewächse. Sehr aromatisches, pulverisiertes Gewürz.

Karamell Zucker, der bei großer Hitze hellbraun zerschmolzen ist.

Karamellisieren Überziehen mit geschmolzenem, braunem Zucker.

Kipferl Österreichische Bezeichnung für Hörnchen.

Kirschrum Spirituose, die aus Melasse oder aus frischem Zuckerrohrsaft gewonnen und mit Kirscharomen versetzt wird.

Krokant Geschmolzener Karamell mit gerösteten Nüssen vermischt.

Kuvertüre Tunkmasse; s. Milchschokolade bzw. Schokolade

Läuterzucker Zucker und Wasser aufgekocht im Verhältnis 1:1.

Lebkuchengewürz Eine im Handel erhältliche Gewürzmischung.

Lochtülle Trichterförmiges Gerät aus Metall oder Kunststoff, das in Verbindung mit einem Dressiersack zum Verzieren oder Füllen verwendet wird.

Mandelsplitter Grob gehackte Mandeln.

Maraschino Ein klarer, relativ trockener Fruchtlikör.

Marillen Österreichische Bezeichnung für Aprikosen.

Maronen, Maroni Edel- bzw. Esskastanien.

Maronenpüree Gekochte und passierte Edel- bzw. Esskastanien.

Milchschokolade Enthält mindestens 27,5 % Kakaotrockenmasse und mindestens 25 % Gesamtfett.

Mörser Dickwandiges Gefäß zum Zerstoßen von Gewürzen mittels eines Stößels.

Nougat Gemisch aus Mandeln, Schokolade und Zucker.

Glossar

Obers Österreichische Bezeichnung für Schlagsahne bzw. süße Sahne.

Orangeat Wird durch das Kandieren von Bitterorangenschalen (Pomeranzen) gewonnen.

Parfait Halbgefrorenes.

Pignoli Pinienkerne.

Pottasche Triebmittel, das in der Apotheke erhältlich ist (Kaliumcarbonat).

Reduzieren Verringern einer Flüssigkeitsmenge durch starkes Kochen.

Rohmarzipan Masse aus fein gewalzten Mandeln und Zucker im Verhältnis 2:1.

Rosenwasser Wird bei der Destillation von Rosenöl aus Rosenblüten gewonnen; im Fachhandel erhältlich.

Rosenöl Wird durch Wasserdampfdestillation aus den Blütenblättern von Rosen gewonnen; im Fachhandel erhältlich.

Schokolade Enthält mindestens 35 % Kakaotrockenmasse und mindestens 18 % Kakaobutter. Ist als Kuvertüre im Handel erhältlich.

Sauerrahm Österreichische Bezeichnung für saure Sahne.

Schnee Steif geschlagenes Eiweiß.

Semmelbrösel Österreichische Bezeichnung für Paniermehl.

Spekulatius Ein ursprünglich aus Belgien stammendes Keks, das aus Mürbteig und Gewürzen besteht.

Soufflé Lockerer, flaumiger Auflauf.

Tascherl Österreichische Verkleinerungsform von Tasche. Bei Backwaren bezeichnet dieser Ausdruck meist mit Marmelade gefüllte Backwaren.

Temperieren Schmelzen von Schokolade im Wasserbad und Abkühlen unter ständigem Rühren auf 28 bis 31° C.

Tülle Röhrchen zum Dressieren; in verschiedenen Formen und Größen erhältlich.

Vanillemark Inhalt einer Vanilleschote.

Warm schlagen Eier mit Zucker über Wasserdampf schaumig schlagen (ca. 70° C).

Zerlassen -> Temperieren

Zitronat Getrocknete, kandierte Schale von Zitronen.

Rezepte von A–Z

Quellen

F. G. Zenker: *Der Zuckerbäcker für Frauen mittlerer Stände*, Carl Haas, Wien und Prag 1824

Ignatz Gartler, Barbara Hikmann, F. G. Zenker: *Allgemein bewährtes Wiener Kochbuch*, Verlag Carl Herold, Wien 1844

Illustrierte Wiener Küchen-Zeitung, Commissions-Verlag von Wilhelm Frick, Wien 1890

Babette Franner: *Die Wiener exquisite Küche*, Selbstverlag der Verfasserin, Wien 1893

Louise Seleskowitz: *Wiener Kochbuch*, Verlag Wilhelm Braumüller, Wien und Leipzig 1905

Hans Ziegenbein, Julius Eckel: *Was koche ich heute?*, Verlag Rudolf Wehle, Wien 1950

Hans Ziegenbein: *Die guten Wiener Mehlspeisen*, Verlag Leitner und Co, Wels 1953

Ann Tizia Leitich: *Das süße Wien*, E. Hunna Verlag, Wien 1964

Franz Maier-Bruck: *Das Große Sacher Kochbuch*, Schuler Verlagsgesellschaft, München 1975

Josef Cachée: *Die Hofküche des Kaisers*, Almathea Verlag, Wien-München 1985

Friedrich Schlögl: *Wiener Blut und Wiener Luft - Skizzen aus dem alten Wien*, herausgegeben von Karlheinz Rossbacher und Ulrike Tanzer, Residenz Verlag, Salzburg und Wien, 1977

Impressum

E-Mail: buch@avbuch.at, Internet: www.avbuch.at

Die Deutsche Bibliothek – CIP-Einheitsaufnahme
Die Deutsche Bibliothek verzeichnet diese Publikation in der Deutschen Nationalbibliografie; detaillierte bibliografische Daten sind im Internet über http://dnb.ddb.de abrufbar.

Projektleitung: Brigitte Millan-Ruiz, avBUCH
Lektorat: Jürgen Ehrmann, media-solutions.at
Layout und Satz: Ina Müller-Degener, Starfish Design, Wien

Druck und Bindung: Westermann Druck, Zwickau
Printed in Germany

ISBN 978-3-7040-2311-7